João Cabral de Melo Neto
Tod und Leben des Severino

SERIE PIPER
Band 911

Zu diesem Buch

Severino, der Landflüchtling aus dem brasilianischen Nordosten ist ein »Jedermann«, sein Kreuzweg ist keine morbide Dichtervision, sondern beruht auf Fakten. Das tägliche Sterben ist Teil des täglichen Lebens – »Tod im Leben, Leben im Tod«.

Das brasilianische Dürregebiet, aus dem Severino kommt, zählt zu den großen Hungergebieten der Erde; »Tod und Leben des Severino« ist ein erschütterndes menschliches und soziologisches Dokument, auch wenn die dichterische Form und ein Schimmer von Hoffnung es verklären.

Das Werk wurde 1955 als episches Gedicht geschrieben, bald jedoch vom Theater übernommen und, ergänzt durch die Musik von Chico Buarque, in einer Laieninszenierung des Studententheaters von São Paulo ein Welterfolg.

João Cabral de Melo Neto wurde 1920 in Recife geboren. Seine alteingesessene illustre Familie stammt aus den im Nordosten Brasiliens gelegenen Bundesstaaten Pernambuco und Paraíba.

Cabral de Melo Neto ist mit dem Lyriker Manuel Bandeira und dem Soziologen Gilberto Freyre verwandt. 1945 trat er in den diplomatischen Dienst ein und repräsentierte sein Land unter anderem in Spanien, England, der Schweiz, Paraguay, Frankreich, Senegal, Honduras und Portugal. Er lebt heute in Rio de Janeiro.

João Cabral de Melo Neto

Tod und Leben des Severino

Eine Weihnachtslegende

Aus dem brasilianischen Spanisch übersetzt
und mit einem Nachwort versehen von
Curt Meyer-Clason

Piper
München Zürich

Die Originalausgabe erschien 1956 unter dem Titel
»Morte e Vida Severina«
bei José Olympio, Rio de Janeiro.

ISBN 3-492-10911-x
November 1988
R. Piper GmbH & Co. KG, München
Lizenzausgabe mit Genehmigung der Edition diá,
St. Gallen / Wuppertal und der Lateinamerikanischen
Kulturvereinigung diá e. V.

Umschlag: Federico Luci,
unter Verwendung des Gemäldes
»Retirantes« (1944) von Cândido Portinari
(Museu de Arte de São Paulo Assis Chateaubriand)
Umschlagrückseite: Photo © Ednalva Tavares
Satz: F. L. Wagener, Lemgo
Druck und Bindung: Clausen & Bosse, Leck
Printed in Germany

Der Landflüchtling erklärt dem Leser, wer er ist und was er vorhat

– Mein Name ist Severino,
einen anderen Taufnamen hab' ich nicht.
Und da es viele Severinos gibt,
nach einem Wallfahrtsheiligen benannt,
taufte man mich kurzerhand
Severino von der Maria.
Und da es viele Severinos gibt,
deren Mütter Maria heißen,
hieß ich schließlich der von der Maria
des verstorbenen Zacharias.
Aber das sagt noch wenig:
Es gibt viele Severinos in der Pfarrei
dank einem Herrn Oberst,
und der hieß Zacharias
und war der älteste
Landherr in der Vogtei.
Wie also soll man den nennen,
der jetzt zu Euer Gnaden spricht?
Seht: er ist der Severino
von der Maria des Zacharias,
droben auf dem Rippenberg,
an der Grenze von Paraíba.
Aber das sagt noch wenig.

Da waren sicherlich fünf andere
mit Namen Severino,
Söhne von ebenso vielen Marias,
Frauen von ebenso vielen
verstorbenen Zacharias',
die auf demselben knochendürren
Bergrücken wohnten auf dem ich wohnte.
Wir sind viele Severinos,
alle in der gleichen Lebenslage.
Haben alle einen großen Kopf
und halten ihn mühsam in der Waage.
Unser Leib, der auf gleichen mageren Beinen steht,
ist einer wie der andere dick und gebläht.
Auch im Blut sind wir gleich,
denn an Farbe ist es nicht reich.
Und wenn wir gleiche Severinos sind
im Leben und aller Not,
so sterben wir auch den gleichen Tod:
denselben Severinotod.
Er ist der Tod, den man aus
Altersschwäche stirbt,
bevor man dreißig Jahre alt,
oder ehe man zwanzig ist durch einen Hinterhalt.
Durch Hunger jeden Tag ein wenig.
(Mit Schwäche und Krankheit zum Zeitvertreib
rückt der Severinotod
jedem Alter auf den Leib,
auch solchem noch im Mutterleib.)

Wir sind viele Severinos,
weil wir uns in allem gleichen:
Wir schwitzen auf diesen Steinen,
um sie zu erweichen,
wir suchen die Erde zu bezwingen,
die erloschene Scholle zu wecken
und ihrer Asche endlich
ein Stück Acker abzuringen.
Aber damit Euer Gnaden
mehr von mir erfährt,
und meine Lebensgeschichte
Euch etwas lehrt,
will ich der Severino sein,
der mit euch auswandert, allein.

Er begegnet zwei Männern,
die einen Toten
in einer Hängematte
tragen und schreien:
»O Brüder der Seelen!
Brüder der Seelen!
Ich hab' ihn nicht getötet!
Ich nicht!«

– Sagt, wen tragt ihr da,
Brüder der Seelen,
in dieser Hängematte verpackt?
Sagt es, damit ich es weiß.
– Einen nichtigen Toten,
Bruder der Seelen,
der seit vielen Stunden
zu seiner Wohnstätte reist.
– Und wißt ihr, wer er war,
Brüder der Seelen?
Wißt ihr, wie er heißt
oder wie er hieß – vorher?
– Severino Ackermann,
Bruder der Seelen,
Severino Ackermann,
aber er ackert nicht mehr.
– Und wo bringt ihr ihn her,
Brüder der Seelen?
Wo kommt ihr her,
von nah oder weit?
– Wo die Steppe am dürrsten ist,
Bruder der Seelen,
wo in der Erde
nicht einmal Wildwuchs gedeiht.

– Und war dieser Tod ein Sterbetod,
Brüder der Seelen,
geschah dieser Tod durch Sterben
oder durch Töten?
– Er geschah nicht durch Sterben,
Bruder der Seelen,
dieser Tod geschah durch Töten,
aus einem Hinterhalt.
– Und wer saß in dem Hinterhalt,
Brüder der Seelen?
Womit haben sie ihn getötet,
mit dem Messer oder mit der Kugel?
– Er starb durch die Kugel,
Bruder der Seelen.
Mit der Kugel ist's ein Kinderspiel,
sie erreicht von weitem ihr Ziel.
– Und wer hat ihm den Hinterhalt gelegt,
Brüder der Seelen,
wer hat diese Vogelkugel
zu ihm hinbewegt?
– Das zu sagen ist schwer,
Bruder der Seelen,
immer fliegt dort eine Kugel
unbeschäftigt umher.
– Und was hat er denn getan,
Brüder der Seelen,
was hatte er der Vogelin
denn zuleide getan?
– Er besaß ein paar Hektar Land,
Bruder der Seelen,
aus Stein und gewaschenem Sand,
und die bestellte er.

– Aber was für Acker besaß er,
Brüder der Seelen,
was konnte er denn pflanzen
in dem geizigen Stein?
– In den mageren Sandlippen,
Bruder der Seelen,
zwischen den Steinrippen
pflanzte er Stroh.
– Und war sein Ackerland groß,
Brüder der Seelen,
ein Acker, den viele Furchen durchqueren,
die alle anderen im Dorf begehren?
– Er besaß nur fünf Tagwerk,
Bruder der Seelen,
alle an der Schulter des Hangs
und kein einziges im Unterland.
– Warum haben sie ihn dann getötet,
Brüder der Seelen,
warum haben sie ihn dann
mit der Flinte getötet?
– Die Vogelkugel wollte vorwärtsdringen,
Bruder der Seelen,
wollte sich freier
in die Lüfte schwingen.
– Und was wird man nun sehen,
Brüder der Seelen,
was wird denn nun
gegen die Flinte geschehen?
– Nun hat sie mehr Raum,
Bruder der Seelen,
hat freiere Bahn für den Flug
ihrer Kugelkinder.

– Und wohin schleppt ihr den Mann,
Brüder der Seelen,
mit der Saat aus Blei,
die ihm nirgendwo aufgehen kann?
– Zum Friedhof von Torres,
Bruder der Seelen,
der heute Toritama heißt,
bei Tagesanbruch hoffen wir dort zu sein.
– Und kann ich euch helfen,
Brüder der Seelen?
Mein Weg führt über Toritama,
es ist meine Straße.
– Helfen kannst du uns bestimmt,
Bruder der Seelen,
du bist ein Bruder der Seelen,
der unseren Ruf vernimmt.
– Und einer von uns kann heimkehren,
Bruder der Seelen,
einer von uns kann
seiner Wege gehen.
– Dann geh ich, denn die Reise ist lang,
Brüder der Seelen,
sehr lang ist die Reise,
und das Gebirge steigt mächtig an.
– Da hat der Tote doch mehr Glück,
Brüder der Seelen,
und braucht nicht mehr
den ganzen Weg zurück.
– Die Entfernung nach Toritama ist klein,
Bruder der Seelen,
wenn der Morgen graut,
werden wir auf dem Friedhof sein.

– Wir wollen aufbrechen, solange es Nacht ist,
Bruder der Seelen,
Nacht wie ein zugeschlagenes Buch,
denn Nacht ist das beste Leichentuch.

Der Landflüchtling
fürchtet sich zu verirren,
weil sein Führer,
der Fluß Capibaribe,
im Sommer ausgetrocknet ist

– Bevor ich mich von meinem Hause entfernt,
habe ich eine Litanei gelernt:
Die Zahl der Orte,
durch die ich kommen werde
auf meinem langen Marsch ins Tal.
Ich weiß, daß es viele große Orte gibt,
Städte werden sie genannt,
und kleine Orte
als Haufendörfer bekannt,
dazu Flecken mit einem einzigen Straßenrand.
Und alle bilden einen Rosenkranz,
und seine Perlen sind die Dörfer,
alle bilden einen Rosenkranz,
und seine Schnur ist die Straße.
Ich muß diesen Rosenkranz beten,
bis meine Füße Meeressand treten.
Muß von Perle zu Perle springen,
Ortschaft um Ortschaft hinter mich bringen.
Doch nun sehe ich: diese Litanei
ist nichts als ein mühsames Einerlei.
Denn zwischen der einen und der nächsten Perle,
zwischen dem einen und anderen Ave-Maria
gibt es blanke Landstriche,
von Tier und Pflanze entblößt,
wo man nicht einmal auf Menschen stößt,
und wo der Fluß in die Irre geht.

Ich will die Schnur meines Rosenkranzes
nicht verwirren,
will nicht, daß sie sich im struppigen Fell
dieser Steppe verstrickt.
Ich dachte: folge ich dem Fluß,
kann ich mich nicht verirren.
Er ist der sicherste Weg weit und breit,
er gibt mir das beste Geleit.
Aber wie ihm folgen an Wegweisers Statt,
wo er seinen Lauf unterbrochen hat?
Ich sehe, daß der Capibaribe
wie die anderen Flüsse im Oberland
so arm ist, daß er wie ein alter Mann
oft sein Ziel nicht erreichen kann,
daß er im Sommer seine Reise vertagt,
daß ihm das Fließen den Dienst aufsagt.
Jetzt müßte mir einer
den richtigen Weg zeigen
unter all denen,
die sich vor mir verzweigen.
Aber ich sehe keine Seele,
lebendig oder tot, die mir winkt.
Ich höre nur in der Ferne etwas,
das mir wie Singen klingt.
Ist es eine Heiligen-Vesper
oder irgendeine Litanei?
Ist es vielleicht ein Fest,
oder gar eine Tanzerei?

In dem Haus, zu dem
der Landflüchtling gelangt,
werden zu Ehren eines Toten
Loblieder gesungen,
während draußen ein Mann
die Worte der Sänger
parodiert

– *Verstorbener Severino,*
wenn du den Jordan überquerst
und die Teufel dich aufhalten
und dich fragen: Was hast du bei dir? . . .
– *So sage: Ich hab' ein Wachslicht bei mir,*
eine Kapuze und einen Strick,
dazu die Jungfrau von der Unbefleckten Empfängnis.
– *Verstorbener Severino,*
und so weiter . . .
– Sag, daß du mitnimmst zum Tag des Gerichts
lauter Dinge des Nichts:
Hunger und Durst und Not.
– *Verstorbener Severino,*
und so weiter . . .
– Sage Dinge des Nichts,
die leichten, die leeren, die du erduldest:
Wie den Sarg, den du noch schuldest.
– *Ein Loblied, das sagt:*
Die Stunde ist deine Stunde an diesem Ort.
– *Rufe die Träger herbei,*
denn der Leichnam will jetzt fort.
– *Zwei Loblieder . . .*
– . . . die sagen: Die Stunde der Saat ist im Land.
– *Rufe die Träger herbei . . .*
– . . . denn die Erde will ernten die Hand.

Müde von der Reise,
gedenkt der Landflüchtling
diese eine Zeitlang
zu unterbrechen
und da, wo er sich befindet,
eine Arbeit zu suchen

– Seitdem ich auf der Landflucht bin,
sehe ich nur den Tod am Werk.
Nur den Tod hab' ich gesehen,
sah ihn viele Feste begehen.
Nur Tod hat einer angetroffen,
der nichts wollte, als aufs Leben hoffen.
Und das Wenige, was nicht dem Tod ergeben,
war nicht mehr als Severinoleben.
(Ein Leben, das einer weniger lebt
als daß er es zu bewahren strebt.
Ein Leben, das desto severinischer ist
für einen, der wie ich auf der Landflucht ist.)
Aber warum nehme ich nicht
einen Aufenthalt in Kauf
und unterbreche meine Reise
wie der Capibaribe seinen Lauf?
Zumindest, bis er im nächsten Winter
sein Tagwerk wieder beginnt
und als mein Begleiter
zum Meere rinnt.
Eigentlich sollte ich es mir leisten,
eine Weile auszuruhn
und um meine Müdigkeit zu überwinden,
keinen Schritt mehr weiter tun.

Wenn ich aber unterbreche
und mir nur einmal nachgebe,
komme ich vielleicht nie mehr fort,
solange ich lebe.
(Wird das Wasser dieser Brunnen
von den Äckern und Tieren verschlungen
und von der Sonne
mit ihren Zungen?
Und kommt dann der Fluß
zum neuen Winterfest,
bleibt vielleicht in den Brunnen
noch ein alter Rest?)
Doch das wird man später sehen,
das Wie und auch das Wann.
Zuerst muß ich eine Arbeit finden,
von der ich leben kann.
Am Fenster dort sehe ich eine Frau.
Ist sie auch nicht gerade reich,
scheint sie doch leidlich versorgt
und Herrin in ihrem Bereich.
Soll ich sie nach Arbeit fragen?
Ich glaube, ich werde es wagen.

Er geht zu
der Frau am Fenster
und lernt sie dabei
näher kennen,
wie man sehen wird

– Schönen guten Tag, Senhora,
die Sie dort am Fenster stehen.
Sagen Sie mir: Hat es Sinn,
hier jemand um Arbeit anzugehen?
– Arbeit fehlt hier für keinen,
der tüchtig arbeiten kann.
Was hat der Gevatter denn
in seinem Heimatort getan?
– Ich bin immer Ackermann gewesen,
Ackermann auf schlechter Erde.
Es gibt keinen Boden,
mit dem ich nicht fertigwerde.
– Hier gibts wenig zu beackern,
das ernährt kaum seinen Mann.
Aber sagen Sie mir, Landflüchtling,
was haben Sie sonst noch getan?
– Auch in meiner Heimat
gibts wenig gutes Land.
Aber den kahlen Stein zu pflügen,
selbst dazu bin ich imstand.
– Nicht mal Steine gibts hier zum Zerstampfen.
Drum wär auch das leerer Wahn.
Aber sagen Sie mal, Gevatter,
was haben Sie dort sonst noch getan?

– Ich verstehe mich auf jede Saat,
die in diesem Boden gedeiht:
Baumwolle und Rizinus,
Agave, Hanf und Mais.
– Solchen Anbau
leiht die Bank nicht mehr an.
Aber sagen Sie mir, Landflüchtling,
was haben Sie dort sonst noch getan?
– Raubpflanzen bekämpfen
kann ich besser als jeder vielleicht,
das Unkraut, das hier wächst,
soweit das Auge reicht.
– Was anderes als Raubwuchs
pflanzt die Erde nicht an.
Aber sagen Sie, Gevatter,
was haben Sie dort sonst noch getan?
– Ich habe Maniok gezogen aus einem Boden,
den der Wind wäscht und schlitzt
und aus einer Scholle,
die das dürre Sonnenmesser ritzt.
– Das hier ist nicht Vitória,
auch nicht Glória am Goitá;
Aber außer der Feldbestellung,
was ist sonst noch Ihr Fach?
– Ich verstehe mich aufs Vieh
und laß es Brennesseln weiden.
Auf Vieh, das an der Erde nagt
und in der Luft an Zweigen.
– Hier ist nicht Surubim,
auch nicht Limoeiro, guter Mann.
Aber sagen Sie mir, Landflüchtling,
was haben Sie dort sonst noch getan?

– Ich kann eine Mühle versorgen
so gut wie ein Scheidehaus.
Ich kenn mich mit allen fünf Kesseln
einer Zuckermühle aus.
– Wegen der neuen Fabriken
ist es mit den Mühlen bald zu Ende.
Hat der Landflüchtling dort
nichts anderes mehr gelernt?
– Ob dort einer mehr gelernt hat oder lernen wird,
brauchen Sie keinen zu fragen.
Aber eines lernt man gewiß:
Die Sonne von Sonne zu Sonne ertragen.
– Aber ist das denn alles,
worauf Sie sich verstehen?
Los, Landflüchtling, Sie wissen doch
noch mit anderem umzugehen.
– Wollen Sie wirklich wissen,
was ich dort noch tat?
Essen, doch nur an seltenen Tagen.
Aber arbeiten mit vollem oder leerem Magen.
– Das Leben, von dem Sie reden,
brauchen Sie nicht breitzutreten.
Aber sagen Sie, Landflüchtling,
können Sie das Benediktus beten?
Können Sie Loblieder singen
und Verstorbene aussegnen?
Litaneien aufsagen
und Tote begraben?
– Ich habe bei vielen Toten gewacht,
im Gebirge tut man so was jede Nacht.
Doch an Gebete-Lernen hab' ich nie gedacht.
Aber nachsprechen, das kann ich schon.

– Wüßte der Gevatter zu beten
und gar noch zu singen,
wir teilten uns den Lohn,
die Kundschaft würd' es schon einbringen.
– Wenn Sie mir jetzt erlauben,
meinerseits zu fragen:
Können Sie denn damit
Ihre Lebenskosten selber tragen?
– Das ist rasch gesagt,
daher auch leicht zu verstehen.
Da der Tod sich hier wacker plagt,
lebe ich davon, ihm beizustehen.
– Und wenn Sie mir erlauben,
daß ich noch einmal frage:
Ist eine so seltsame Arbeit
hier ein Beruf?
– Ja, sie ist ein Beruf
und hat Verstand und Sinn:
In unserer Gegend bin ich
die erste Vorbeterin.
– Und wenn Sie mir erlauben,
daß ich noch eine Frage stelle:
Ist der Beruf, den Sie ausüben,
eine gute Einnahmequelle?
– Aus einem Umkreis von vielen Meilen
rufen die Leute mich.
Bis heute ließ das Glück
mich noch nie im Stich.
– Und wenn Sie mir erlauben,
ein letztes Mal zu fragen:
Gibt es denn für mich
keine andere Arbeit an diesem Ort?

– Da der Tod wirkt fort und fort,
bietet sich nur dem einen Arbeit an,
der am Tod
seinen Nutzen finden kann.
Schauen Sie: andere Leute
aus ähnlichen Berufen,
Apotheker, Totengräber,
auch höhere Einkommensstufen,
sie rudern gegen den Strom der Menschen,
die abwärts wandern zum Meer,
sie sind umgekehrte Landflüchtlinge
und kommen vom Meer herauf hierher.
Hier lohnt es nur,
die Äcker des Todes zu bestellen,
und die zu bestellen ist nicht schwer;
man braucht nur zu pflanzen.
Jäten tut nicht not,
nicht düngen, begießen, stutzen.
Dürre und Plagen geben das meiste Brot
und bringen sofortigen Nutzen.
Man braucht nicht zu warten,
bis die Ernte steht.
Man erhält sein Geld,
sobald man sät.

Der Landflüchtling
gelangt in die Urwaldzone,
die ihn zu der
Überlegung verleitet,
ob er seine Reise
von neuem
unterbrechen soll

– Man hat mir gesagt:
Die Erde wird sanft und weich,
sobald die Reise sich nähert
dem Küstenbereich.
Jetzt bin ich in dem Land
und kann es glauben:
Es ist süßeres Land
für die Füße und für die Augen.
Die Flüsse, die hier fließen,
sind Flüsse, die kein Ende haben.
Überall sieht man Tümpel;
damit Wasser sprudelt,
braucht man nur zu graben.
Jetzt sehe ich, daß es Wahrheit ist,
was ich für Lüge hielt.
Wer weiß, ob ich mich in diese Erde
nicht doch noch einpflanzen werde?
Bin nie vor Erde zurückgeschreckt
(hab' mein ganzes Leben in Steinen gesteckt)!
Und wer weiß, wie die Steppenerde
an den Knochen frißt,
der hat es leicht mit dieser,
die so weiblich ist.

Aber hier wagt sich kein Mensch hervor,
ich sehe nur Blattwerk vom Zuckerrohr.
Und dort in der dunstigen Schwüle
die Abflußrinne der Zuckerfabrik.
Und etwas tiefer in der Niederung
eine alte verfallene Mühle.
Was machen die Leute bloß,
die diese Felder roden?
Ausruhen, denn dieser Boden,
der mild ist und voller Kraft,
verlangt nicht, daß man
alle Stunden des Tages schafft,
alle Tage des Monats,
die Monate alle des Lebens.
Und sicher werden die Leute hier
nie und nimmer mit Dreißig alt
und wissen nichts vom Tod im Leben,
vom Leben im Tod, in Severinogestalt.
Und der Friedhof dort,
der sich weiß im Grünen verliert,
ob der richtige Gräber beherbergt
und wie andere funktioniert?

Der Landflüchtling
wohnt der Beerdigung
eines Tagelöhners bei
und hört währenddessen,
was die Freunde,
die ihn zum Friedhof
gebracht haben,
von dem Toten sagen

– Das Grab, in dem du liegst,
nach Spannenmaß gegeben,
ist der geringste Lohn,
den du verdientest im Leben.
– Es hat eine gute Größe,
ist weder breit noch spitz.
Es ist der Teil, der dir gehört
von diesem Großgrundbesitz.
– Es ist kein großes Grab,
ein Grab, gut abgeteilt.
Es ist das Land, von dem du hofftest,
es werde aufgeteilt.
– Es ist ein großes Grab
für dein bißchen Tod.
Aber immer noch besser
als all die Lebensnot.
– Es ist ein großes Grab
für deine Dürftigkeit.
Doch mehr als in der Welt
wird es dir darin weit.
– Es ist ein großes Grab
für dein Fleisch, so arm, so schwach.
Doch einer geschenkten Erde
sieht man manches nach.

– Jetzt lebst du auf dem Land,
das du für immer gepachtet,
und bist von allen geachtet.
– Hier wirst du für immer bleiben,
von Sonne und Regen befreit,
für Ameisenzucht bleibt dir jetzt Zeit.
– Hier arbeitest du ungestört
für dich, nicht halbpart wie auf Land,
das einem andren gehört.
– Auf der Erde, die du bestellst,
bist du nicht nur der Ackermann,
bist auch Pflug und Ochsengespann.
– Diese Erde bestellen
erhält dich für immer jung:
bist Ernte, Samen und Dung.
– Die Erde, die du bestellst,
befreit dich von Kleidersorgen,
sie ist rauh wie Leinen vom Norden.

– Aus Erde wird sein
dein allerletztes Hemd:
Bequem liegst du drin und unbeengt.
– Aus Erde wird es sein
und dein allerbestes Hemd:
von keinem beneidet und dir selber nicht fremd.
– Aus Erde hast du
einen Rock und eine Hose dazu,
und zum ersten Mal ein Paar Schuh.
– Da du ein Mann bist,
dient dir die Erde als Hut,
einer Braut wäre sie als Schleier gut.

– Dein bester Anzug ist die Erde,
wie du weißt:
Man flickt ihn nicht, weil er nicht reißt.
– Aus Erde ist er
und sitzt, wie er immer saß:
Ein feiner Anzug nach Maß.

– Dieser Boden ist dir gut bekannt.
(Er trank deinen verkauften Schweiß.)
– Dieser Boden ist dir gut bekannt.
(Er war dir von Jugend an zu heiß.)
– Dieser Boden ist dir gut bekannt.
(Er hat dir die Manneskraft genommen.)
– Diesem Boden bist du gut bekannt.
(Er hat all deine Söhne bekommen.)
– Diesem Boden bist du gut bekannt.
(Er hat dich von Kind an ausgelaugt.)
– Diesem Boden bist du gut bekannt.
(Er hat dich auch sonntags ausgesaugt.)

– Nun liegen deine Kräfte brach.
Man hat dich gesät der Länge nach.
– Trägst selber keinen lebendigen Samen.
Maniok ist jetzt dein Leibesnamen.
– Trägst keinen Steckling von Zuckerrohr.
Bist selber Steckling, nur nicht aus Rohr.
– Säst nicht mehr aus mit deiner Hand.
Bist selber das Korn im Ackerland.
– Hast keine Kräfte mehr zum Mähen.
Drum laß dich in die Furche säen.
– Hast in den Beinen keine Kräfte.
Drum schaffst du der Scholle neue Säfte.

– Deine Hängematte spürt keine Schwere,
nur eine dürre, entkörnte Ähre.
– Viel lag in deiner Hängematte nicht,
nur ein Kolben Mais mit wenig Gewicht.
– In der Hängematte, schwach und karg,
der Maiskolben ohne Körnermark.
– In der Hängematte zu wenig lag,
Lebensernte ohne zweiten Ertrag.

– In der rechten Hand ein Rosenkranz,
schwarzer Mais und ohne Glanz.
– In der rechten Hand aus Asche nur
der Rosenkranz, verdorrte Spur.
– Bracher Samen für totes Land,
der Rosenkranz in der rechten Hand.
– In der rechten Hand der Rosenkranz,
lebloser Samen, der nicht mehr tanzt.

– Im Sarge liegst du nackt und bloß,
so nackt wie das Korn in der Erde Schoß.
– So sehr ließ dich die Kraft in Stich,
daß deiner Brust die Luft entwich.
– Soviel hast du im Leben entbehrt,
daß sich dein Atem in Röcheln verkehrt.

– Auf tut sich die Erde, die dich schützt,
das Laken, das lebend du nie benützt.
– Auf tut sich die Erde und deckt dich zu,
sie ist dein Bett für die ewige Ruh.
– Auf tut sich die Erde die dich umhüllt
wie eine Frau, die dein Verlangen stillt.

Der Landflüchtling
beschließt den Schritt
zu beschleunigen,
um rasch nach Recife
zu gelangen

– Ich habe nie viel erwartet,
das sage ich Euer Gnaden.
Und als ich abwanderte,
waren meine Augen nicht größer als mein Magen.
Ich wollte mein Leben nur
vor dem Altern schützen,
das einen bereits erfaßt,
bevor man in die Dreißig paßt.
Zwanzig hab ich im Bergland verbracht,
und wenn ich dieses Maß erreichte,
hab' ich beim Aufbruch nur gedacht,
es ein wenig zu vermehren.
Doch zwischen Rauhland und Steppe
wog der Unterschied nicht schwer,
und zwischen der Steppe und dem Urwald
sah ich ihn schon gar nicht mehr.
Der einzige Unterschied ist der,
daß die Erde hier weicher ist:
Es liegt nur am Docht, wenn man mich fragt;
an der Lampe, richtiger gesagt.
Denn das Leuchtöl ist das gleiche,
das man überall verwendet.
Und ob in dieser fetten Erde,
ob im Kalkstein des Gebirges,
brennt das Leben unentwegt
mit der gleichen trüben Flamme.

Jetzt verstehe ich auch,
warum in so reichem Gebiet,
ganz anders als in der Steppe,
der Fluß nicht in Tümpeln versiegt.
Er lebt auf der Flucht vor dem Stau,
zu der ihn die Landschaft verlockt,
aus Angst, daß vor Müdigkeit
seine Reise vorzeitig stockt.
Ja, es ist an der Zeit,
ans Ende der Litanei zu gelangen,
ans Ende des Rosenkranzes von Namen,
durch den die Schnur des Flusses eilt.
Zeit, endlich nach Recife zu kommen,
vom allerletzten Ave-Maria
des langen Rosenkranzes befreit;
der letzte Anruf der Litanei:
Recife, wo der Fluß verschwindet
und meine Reise ein Ende findet.

In Recife angelangt,
setzt er sich
zum Ausruhen am Fuß
einer hohen kalkweißen
Mauer nieder und hört
unbemerkt die Unterhaltung
zweier Totengräber

– Heutzutage hat man es schwer.
Wo soll das nur noch enden?
Man sollte zumindest unsrer Abteilung
eine Gehaltserhöhung zuwenden.
Zwar bringen die Mittelalleen höheren Lohn,
doch auch nur denen mit Protektion.
Dort hat man einerseits weniger Dienst,
dafür ein Trinkgeld als Nebenverdienst.
Dort sind auch mehr Beamte bestellt:
(Reiche begraben kostet Zeit und Geld.)
– Ich meinerseits wär' schon zufrieden,
würde man mich hierher versetzen.
Wärst du im Gelben Haus beschäftigt,
du hättest kaum Zeit etwas auszusetzen.
In Santo Amaro stationiert zu sein
muß meinem Kollegen natürlich behagen,
denn es scheint, daß die Leute,
die im Gelben Haus ruhen sollen,
mit einemmal entschlossen sind
und alle unter die Erde wollen.
– Mein Kollege hat fast nichts
vom hiesigen Betrieb gesehen.
Die Toten, die von dieser Station
noch heute auf die Reise gehen,

werden – nur ein bißchen Geduld! –
ihm in Kürze zur Verfügung stehen.
Die Alleen des Mittelteils,
wo die Reichen zur Ruhe gehen,
gleichen einem Meereshafen:
Von Arbeit ist dort nichts zu sehen,
denn ein Luxusdampfer höchstens
macht dort einmal täglich fest
mit Protokoll und großem Pomp
wie bei einem Bühnenfest.
Doch in diesem Abschnitt geht es
zu wie auf der Eisenbahn:
Personenzüge verkehren stündlich,
fahren ab und kommen an.
– Wenn du deinen Abschnitt vergleichst
mit einem Hauptbahnhof,
was ist dann das Gelbe Haus
mit seinen ewigen Ein und Aus?
Soll es ein Bahnhof sein,
dann keiner von Eisenbahnen,
eher eine Station
mit endlosen Omnibusschlangen.
– Warum beantragst du nicht,
als Beamter und altgedient,
daß man dich nach Santo Amaro
schickt mit seinem leichteren Dienst?
Denn für die schönen Alleen,
wo die feinen Leute wohnen,
sich heute zu bewerben
wird sich wohl kaum lohnen.
Für das Viertel von Zuckerfabrikanten,
von Politikern, hohen Bankbeamten,

früher auch von Mühlenbesitzern
(die man heute im Beinhaus begräbt),
das Viertel für Großindustrielle,
für Arbeitgeber und Hochgestellte,
für Ausübende von liberalen
Berufen wie Damen der Horizontalen.
Ob man dich in dies Viertel schickt?
Ich glaube kaum, daß dir das glückt.
– Ich wünschte nur, man würde mich
in den geometrischen Abschnitt holen,
mit seinen enggedrängten Quartieren
und unauffälligen Steinkonsolen.
– Das ist das Viertel der Funktionäre,
Soldempfänger sind auch dabei,
Gelegenheitsarbeiter und Kommissionäre
(außer Akkord und Tagelöhnerei).
Dorthin gehören die Journalisten,
die Literaten und Artisten.
Dorthin gehn die Bankangestellten,
die Handlungsgehilfen, die Höhergestellten,
Ladenbesitzer und Drogisten,
Flugpersonal und auch Dentisten,
von freien Berufen ein ganzes Heer,
das nichts von Befreiung wußte – bisher.
– Auch im Friedhof des Gelben Hauses
gibt's für diese Leute ein Dach;
ein jeder liegt in seiner Lade,
ein jeder liegt in seinem Fach;
der Name deutlich auf der Platte,
meist mit schwarzer Farbe gemalt.
Goldene Lettern sieht man selten,
auch Trinkgeld wird dort kaum bezahlt.

– Trinkgeld zu zahlen von Zeit zu Zeit,
sind hier nur die Reichen bereit.
In Hemdsärmeln arbeiten ist verboten.
In diesem Viertel heißt die Norm:
auf den Kopf gehört die Mütze,
auf den Leib die steife Uniform.
– Aber nicht des Trinkgelds wegen
wollte ich meine Versetzung eingeben.
Mir ist Santo Amaro lieb,
denn hier ist kein so arger Betrieb,
auch weil mehr Beamte zur Verfügung stehen,
um der Kundschaft zur Hand zu gehen,
die volle Kiste hochzuraffen
und in die leere Kiste zu schaffen.
– Was hat der Verwalter dazu gesagt?
Gibt er dir die gewünschte Stelle?
– Sobald er eine Chance sieht,
denkt er an mich auf alle Fälle.
– Was hat der Verwalter
dir sonst noch erzählt?
– Er hat mich innerhalb des Gelben Hauses
für einen anderen Abschnitt erwählt.
– Und in was für eine Abteilung,
für welchen Vorort bist zu bestimmt?
– In die der Industriearbeiter.
Dazu gehören die Bahnarbeiter,
ferner alle Straßenarbeiter,
und auch die Straßenbahnarbeiter.
– Du kommst somit zu den Arbeiterklassen,
verläßt die vermischten Armenmassen.
Hier bist du wesentlich besser dran:
Sie sind weniger zahlreich und stecken nicht an.

– Ich verlasse den Vorort der Bettelarmen,
der alle jene zusammenkehrt,
die der Fluß bei Hochflut überschwemmt
und bei Ebbe mit der Pest beschert.
– Es sind Leute ohne sozialen Schutz,
Leute mit arbeitslosen Armen,
von denen nie einer Trauer trägt
und die man ohne Geleitbrief begräbt.
– Es sind die Leute, die unentwegt
sterben und die man umsonst begräbt.
– Leute, die ihrer Heimat entfliehen,
die vom Sertão ins Flachland ziehen.
– Sie versetzen dafür den letzten Knopf
und pfeifen am Schluß auf dem letzten Loch.
– Beim Abmarsch außer Rand und Band,
bei der Ankunft völlig abgebrannt.
– Und finden keinen Weg, der weitergeht,
weil ihnen das Meer entgegen steht.
– Sie finden keine Arbeit und keine Matratze
und liegen am ersten Tag auf der Straße.
– Da sie das nicht begreifen wollen,
wissen sie nicht, wo sie sich begraben sollen.
– Auch ich gehörte in früheren Jahren
zum Abschnitt wo die Ärmsten waren.
Aber etwas, was ich dort gesehen,
werde ich wohl nie verstehen:
Die Leute aus dem Hinterland,
die zur Küste wandern ohne Verstand,
sie werden, obgleich sie Krabben jagen,
im Schlamm verenden, am leeren Magen.
Und will der Tod sie endlich haben,
müssen wir sie im Trocknen begraben.

– In Wahrheit ging das alles rascher,
und billiger käme sie ihre Not,
sprängen sie von einer Brücke
hinein in den Fluß, hinein in den Tod.
– Das Leichentuch des Flusses wäre nicht karg,
er wäre ein weicher Wassersarg
und gäb ihm sogar den Leichenzug mit,
und dieser begleitete mit langsamem Schritt
den Toten zur letzten Begräbnisstätte
im Salzmeer, wo er Ruhe hätte.
– Dazu bräuchte man kein Geld,
auch Totengräber würden nicht bestellt.
Man bräuchte keine Gebete sprechen,
nicht mal einen Grabstein brechen.
– Unser Reden ist unnütz wie ein Kropf.
Denn worum geht es uns denn heute?
Die Arbeit wächst uns über den Kopf.
Schon ungelebt, versterben die Leute.
– Die aus Pernambuco, aus Paraíba,
die braven Leute aus den Bergen,
die voller Hoffnung nach Recife kommen,
um hier alt und satt zu sterben,
finden statt eines neuen Zuhause
nur im Friedhof Unterkommen.
– Was sie tun, ist beileibe nicht reisen –
Buschland durchqueren und Steppe und Schneisen,
das alles ist reiner Selbstbetrug:
Sie folgen ihrem eigenen Leichenzug.

Der Landflüchtling nähert sich einem der Kais des Capibaribe

– Ich habe nie viel erwartet,
das muß ich nochmal sagen.
Daß im Rosenkranz der Städte,
der Dörfer mit ihrem Einerlei,
und sogar hier in Recife,
wo mein Abstieg zu Ende war,
der Alltag ziemlich der gleiche sei,
das schien mir letzten Endes klar:
Immer würde meinen Arm
tagaus tagein das gleiche erwarten –
Sicheln zum Heuen, Jäten, Roden,
zweischneidige Messer, Hacken und Spaten.
Und wenn auch meine Arme
nichts anderes sollten kennen
als was sie ein Leben lang gekannt,
so hofft ich doch mein eigen zu nennen
einen Krug mit Wasser bis zum Rand,
Maniokmehl im Kürbistopf,
Spannen Drillich für mein Hemd
und einen Mietsvertrag mit dem Leben.
Doch angekommen entdecke ich,
daß ich mich seit dem Hinterland,
während der Reise aus dem Sertão,
auf meinem Leichenzug befand.
Und daß ich, ärmlicher Gewinn,
nur Tage zu früh gekommen bin.

Der Leichnam blieb an der Türe stehn:
das Leben will noch nicht aus dem Toten gehn.
Da gibt es nur eines: den Tod zu drängen,
daß er eine Entscheidung fällt,
und diesen Fluß, der seinen Lauf
gleichfalls aus dem Oberland lenkt,
bitten, daß er mir das Begräbnis schenkt,
von dem der Totengräber erzählt:
einen geschmeidigen Sarg aus Lehm,
ein Leichenhemd, fließend und bequem,
dazu Kränze aus Seerosengewinde,
Sumpfdotterblumen als Angebinde,
und die Begleitung der Meereswellen,
Wasser, das stetig paradiert
(weil in Recife der Fluß nicht trocknet
und nie mehr seine Kraft verliert).

Der Bewohner
einer der Lehmhütten,
die im Schlick
zwischen Kaimauern
und Flußwasser liegen,
nähert sich
dem Landflüchtling

– Senhor José, Meister Zimmermann,
der ihr wohnt in diesem Schlamm,
könnt ihr mir sagen, ob man den Fluß
auf dieser Höhe durchwaten kann?
Könnt ihr mir sagen, ob es tief ist, das Wasser,
so fleischig und so dick?
– Landflüchtling Severino,
ich bin nie geschwommen
durch diesen Schlick.
Bei Hochflut durchfahren ihn
viele Schiffe mit Tiefgang,
Segler und Barkassen.
– Senhor José, Meister Zimmermann,
um einen Menschenleib zu bedecken,
braucht es keine Wassermassen;
es genügt, daß es
bis zum Nabel reicht,
daß seine Tiefe meinem Hunger gleicht.
– Landflüchtling Severino, weiß nicht,
ob ich dich mit meiner Antwort beglücke.
Immer, wenn ich den Fluß überquere,
benutze ich die Brücke.
Und wie das mit der Leere des Magens ist:
Die überquert man, indem man ißt.

– Senhor José, Meister Zimmermann,
und wenn es eine Brücke nicht gibt?
Wenn man nichts hat,
die Leere des Hungers zu überqueren?
Wenn wasserlose Flüsse
große Meeresarme werden?
– Landflüchtling Severino,
für dich junger Freund, ist das so eine Sache.
Ich weiß, das Elend ist ein großes Meer
und keine beliebige Lache.
Ich weiß aber: für den, der es überquert,
ist es jede Anstrengung wert.
– Senhor José, Meister Zimmermann,
und wenn man die Tiefe nicht messen kann,
wenn die Kraft schon gestorben ist
und nicht mehr weiß, wo Fuß fassen.
Wär's da nicht besser,
sich dem Sog zu überlassen?
– Landflüchtling Severino,
das Meer, von dem wir reden,
muß überwunden werden,
immer und auf jeden Fall,
sonst überschwemmt es Haus um Haus
und löscht die ganze Erde aus.
– Senhor José, Meister Zimmermann,
und was macht es schon aus,
ob es als Pestbeule um sich frißt
oder als Schwemmfluß sich ergießt,
läßt sich's am Ende doch nicht vermeiden,
daß wir alle Schiffbruch erleiden?

– Landflüchtling Severino,
es ist nicht gleich,
ob einer seine Fäuste regt
oder sie hängen läßt, unbewegt,
denn im ersten Fall breitet sich das Meer
wenigstens nicht weiter aus.
– Senhor José, Meister Zimmermann,
und was macht es schon aus,
ob dieser leere Ozean seine Macht
heute mehr oder minder entfacht,
will es keiner Brücke gelingen,
ihn am Ende doch zu bezwingen?
Senhor José, Meister Zimmermann,
erlauben Sie mir, Sie zu fragen,
ob Sie sich schon lange
mit diesem Schlamm herumschlagen?
Ob Sie das Leben, mit dem Sie raufen,
immer nur in bar einkaufen?
– Landflüchtling Severino,
ich bin aus Nazareth-im-Wald,
doch dort wie auch hier
wollte mir keiner auf Borg verkaufen.
Das Leben eines jeden Tages
muß ich jeden Tag neu erkaufen.
– Senhor José, Meister Zimmermann,
was, so sagt mir, kann ein Leben,
im Kleinhandel jeden Tag erstanden,
Euch immer wieder an Anreiz geben?
Hofft Ihr es denn eines Tages
in großen Partien zu erwerben?

– Landflüchtling Severino,
wie soll ich dir das erklären?
Ich habe nie darauf gehofft,
Geschäfte abzuschließen en gros,
denn was ich im Detail einkaufe,
ist auch Leben, so oder so.
– Senhor José, Meister Zimmermann,
und was machte es schon aus,
wenn Sie nicht mehr gegen das Elend anstreben
und den besseren Ausweg wählen:
und eines Nachts hinunterspringen
von der Brücke und vom Leben?

Von der Türe,
aus welcher
der Mann getreten ist,
ruft eine Frau
diesem zu:

– Gevatter José, Gevatter,
der ihr da im Grase liegt;
ihr redet und wißt es nicht:
Euer Sohn ist angekommen.
Ihr redet nur, und die Zeit
ist euch zerronnen.
Wißt ihr's nicht: euer Sohn
ist ins Leben hineingesprungen!
Sprang ins Leben hinein
zugleich mit dem ersten Schrei.
Und ihr redet nur und seid nicht dabei.
Drum laßt euch sagen: euer Sohn ist geboren!

Es kommen Nachbarn,
Freunde und
zwei Zigeunerinnen
und nähern sich
dem Hause des Mannes

– Alle Himmel und die Erde
singen ihm Preis.
Für ihn ist die Flut
heut Nacht nicht gesunken.
– Für ihn hat die Flut
ihren Motor abgestellt.
Der Schlamm blieb bedeckt,
und der Gestank ist nicht hochgewellt.
– Der Lavendelduft des Tangs,
vom Meer hergeweht,
hat mit keimtötender Schärfe
unsere Gassen durchfegt.
– Die trockene Schwammzunge,
die der Landwind reckt,
hat aus Sumpf und Morast
die Nässe geleckt.

– Alle Himmel und die Erde
singen ihm Preis.
Und jedes einzelne Haus
putzt sich zur gastlichen Hütte heraus.
– Und zum Musterheim wird
jedes Elendsquartier,
von den Soziologen gefeiert
in unserem Revier.

– Und der Stechmückenschwarm,
der summt im Verein,
stellt heut nacht für ihn
seine Sendung ein.
– Und der lehmblinde Fluß,
der nie den Himmel spiegelt,
hat sich erstmals heut nacht
mit Sternen versiegelt.

Nach und nach
kommen Leute
mit Geschenken
für das Neugeborene

– Meine Armut ist so groß,
ich konnte kein Geschenk erlangen.
Bring der Mutter nur Krebse,
in diesen Sümpfen gefangen.
Laß dein Kind Schlammilch saugen,
das rötet das Blut seiner Wangen.
– Meine Armut ist so groß,
daß ich nichts bringe, wider Willen.
Es sei denn die Milch, die ich habe,
um meinen Sohn zu stillen.
Wir sind alle aus Luft und Milch,
die aus dem Schlammbett quillen.
– Meine Armut ist so groß,
drum hab' ich nicht mehr
als dieses Zeitungspapier.
Tu als wenn's eine Bettdecke wär.
Mit Buchstaben zugedeckt,
wird er mal ein gelehrter Herr.
– Da meine Armut so groß ist,
kann ich nichts Teures schenken
und von der Lagune
keine Quelle herlenken.
Drum bring ich Wasser aus Olinda,
Wasser der Quelle-des-Gedenkens.

– Meine Armut ist so groß,
nichts Großes hab' ich zur Hand,
ich bring dir einen zwitschernden
Kanarienvogel vom Land.

– Meine Armut ist groß,
bin auf mein Geschenk nicht stolz.
Bring dir nur Wasserkeks
aus dem Flecken Knoblauchholz.
– Meine Armut ist so groß,
drum bring ich dir aus Lehm
dieses Puppenkind nur
vom Severino aus Tracunhaém.
– Meine Armut ist so groß,
mehr habe ich nicht da.
Nur Schnaps vom Maler Monteiro,
gebrannt in Gravatá.

– Ich bring dir Goiana-Ananas,
dazu noch Zuckerrohrstollen.
– Ob dich eine Handvoll Austern labt?
Sie wurden am Kai von Aurora geschabt.
– Hier sind Tamarinden aus Jaqueira,
und eine Jaca aus Tamarineira.
– Mangabas von Cajueiro,
und Cajús von Mangabeira.

– Einen Fisch aus dem Tümpel Kleiner-Vogel.
Und Ochsenfleisch vom Fischerkogel.
– Obst gekauft auf den reichen Gütern
Zum Dornstrauch und zu den *Betrübten Gemütern*.
– Aus dem Morast hinter der Kaiserstraße
fingernagelgroße Krabben in Masse.
– Zum Feste schicken dir das heute
von der Avenida Süd und Nord die armen Leute.

Nun sprechen
zwei Zigeunerinnen,
die mit den Nachbarn
gekommen sind

– Um Aufmerksamkeit bitte ich für diese kurze Lesung,
Damen und Herren.
Wir sind Zigeunerinnen aus Ägypten
und möchten euch über die Zukunft belehren.
Ich werde euch alles sagen,
was ich jetzt schon sehen kann
im Leben dieses Kindes,
das soeben auf die Welt kam:
Es wird krebsen lernen
wie die Krebse hier,
es wird im Schlamm gehen lernen
wie das Krabbengetier,
und laufen werden es lehren
die Lurche, auf allen vieren,
weil es ein Lurchenmensch wird
wie die Leute in diesen Quartieren.
Früh lernt es jagen,
zunächst beim Federvieh, und kriecht
auf der Erde nach allem,
was nach Fressen riecht.
Danach wird ihm bei anderen Tieren
das Lernen zum Spiel:
bei den Schweinen im Kehrricht,
bei den Hunden im Müll.
Jahre später sehe ich es
auf der Insel der Pulvermücken
im Schlammanzug beim Fang der Zehnfüßler
mit ihren Tücken.

Und ich sehe es, noch größer,
watend im weiten Schlamm,
und die Finger zum Köder krümmend
beim Garnelenfang.

– Um Aufmerksamkeit bitte auch ich für meine Lesung,
Damen und Herren.
Auch ich komme aus Ägypten
und will sein Zukunftsbild vermehren:
Ich sehe auch noch anderes,
und es zu sagen ist mir Gesetz:
Es wird nicht sein ganzes Leben
fischen mit dem Keschernetz.
Meine Kollegin hat zu meinem Verdruß
manche Linie übersehen.
Glaubt nur nicht,
daß sein Leben im Elend enden muß.
Ich sehe eine große Ebene,
die den Mann zum Berufe prägt,
der gesünder ist als die Sümpfe,
wenn er ihm auch Angeln legt.
Ich sehe ihn nicht in den Sümpfen,
ich sehe ihn in einer Fabrik:
Ist er schwarz, so ist es kein Schlamm,
Maschinenöl ist es zum Glück.
Und sauberer als Flutschlamm,
in dem der Fischer fischen muß,
der hier vor mir steht,
Schlamm vom Gesicht bis zum Fuß.

Ja noch mehr: damit ihr nicht glaubt,
daß sein Leben nur in Trübsal verrinnt,
sehe ich, wie beharrlicher Fleiß
ihm vielleicht einen Vorteil bringt:
Daß er aus diesen Sümpfen
des Flusses Capibaribe
in eine bessere Hütte zieht
in den Sümpfen des Beberibe.

Es sprechen
die Nachbarn,
Freunde und Leute,
die mit Geschenken
gekommen sind

– Von seiner Schönheit
spreche ich sogleich.
Es ist ein magerer Knabe,
und wenig Gewicht hat sein Leib.
Nur das Gewicht eines Menschen,
das Werk eines Frauenleibs.
– Über seine Schönheit
stehe ich euch Rede und Rat.
Es ist ein bleiches Kind,
ein schwächliches Kind und matt.
Doch mit dem Kennzeichen des Mannes,
dem Kennzeichen der menschlichen Werkstatt.
– Über seine Schönheit
soll keiner die Nase rümpfen.
Es ist ein kränklicher Knabe,
wie alle aus unseren Sümpfen,
doch schon hämmert die Menschenmaschine
auf ihn ein mit ihren Trümpfen.
– Seine Schönheit,
erzählt ist sie geschwind.
Klein ist das Geschöpf,
bleich wie ein Siebenmonatskind.
Aber man errät schon die vielen Hände,
die in den seinen enthalten sind.

– Laßt mich sagen,
was seine Schönheit wiegt.
Er ist schön wie die Kokospalme,
die den Meeressand besiegt.
– Von seiner Schönheit
laßt mich reden wie es Brauch.
Er ist schön wie die Teufelsmilch
vor des Ödlands Aschenrauch.
– Von seiner Schönheit
laßt mich reden wie es Brauch.
Schön ist er wie die Kaktee
in der Steppe ohne Speichel und Strauch.
– Von seiner Schönheit
laßt mich reden, als wäre er mein.
Er ist schön wie ein Ja
in einem Saal voller Nein.

– Er ist schön wie die zweite Ernte,
die das Zuckerrohrfeld vermehrt.
– Schön, weil er eine Tür ist,
die sich in viele Ausgänge verkehrt.
– Schön wie die letzte Welle,
die kein Meeresende verzehrt.
– Er ist schön wie die Wellen
in ihrer Summe von Unendlichkeit.

– Schön, weil er von neuem
Staunen zeigt und Fröhlichkeit.
– Schön wie ein neuer Gegenstand,
für den ein Bord steht bereit.
– Wie etwas Neues,
das seinen Tag einweiht.
– Oder wie ein neues Heft,
in das man zum ersten Mal schreibt.

– Und schön, weil er alles Alte
ansteckt mit neuem Mut.
– Und schön, weil er die Bleichsucht
verdirbt mit neuem Blut.
– Weil er das Elend infiziert
mit gesunder Brut.
– Und die Wüste mit der Oase,
die Windstille mit Windeswut.

Der Zimmermann
spricht zu dem
Landflüchtling,
der teilnahmslos
abseits gestanden ist

– Severino, Landflüchtling,
erlaube, daß ich dir jetzt sage:
ich weiß keine Antwort auf deine Frage,
ob es besser ist,
den Sprung zu wagen
von der Brücke und vom Leben.
Ich könnte dir die Antwort auch nicht geben,
wenn du mich zwängest, sie dir zu sagen.
Das Leben nur mit Worten zu verteidigen
fällt mir um so schwerer,
als es das ist, was uns gegeben:
ein Severinoleben.
Aber wenn ich dir nicht
antworten konnte auf meine Art,
so hat das Leben selbst geantwortet
mit lebendiger Gegenwart.
Denn wir suchen ja vergebens
eine bessere Antwort als das Spektakel des Lebens:
wir sehen, wie es seinen Faden abspult,
den Lebensfaden, an dem sich jeder schult,
wir sehen die geduldige Fabrik,
die sich selber fabriziert,
sehen, wie sie geschickt
in einer neuen Blüte explodiert.

Selbst wenn die Explosion wie diese
nicht heftig ist und nicht hart.
Selbst wenn es eine Explosion ist
wie eben, schwach und zart.
Selbst wenn es eine Explosion ist
von severinischer Lebensart.

NACHWORT

Gedämpft singend betreten einige zwanzig Schauspieler in Rupfenkleidern, barfuß, die nackte Bühne. Verborgen hinter anderen erhebt sich eine Stimme:

Mein Name ist Severino.
Einen anderen Taufnamen hab' ich nicht.

Doch die Stimme spricht nicht als einzelne – irgendeiner könnte Severino sein –, es ist die Stimme von Männern, Frauen, Kindern, die im brasilianischen Nordosten leiden oder überall dort, wo Menschen hungern.

So beginnt João Cabral de Melo Netos TOD UND LEBEN DES SEVERINO, eine Dichtung aus den Jahren 1954/55, die, ohne für die Bühne geschrieben zu sein, in einer Inszenierung des Studententheaters der Katholischen Universität São Paulo 1966 die Goldene Palme beim Weltfestival Nancy errang.

Den Hintergrund zu Cabrals *Auto de Natal* bildet einmal seine Vaterstadt Recife, die am östlichsten gelegene Hafenstadt des Kontinents, in die das Elend des brasilianischen Hinterlands mündet, durchzogen vom Flußdelta des Capibaribe und des Beberibe mit seiner Watt- und Lagunenlandschaft, in deren Morast die bettelarme Hälfte der Stadtbevölkerung haust; zum anderen der Nordosten mit seinen drei Gürteln, die sich in Nordsüdrichtung vom tiefen Innern parallel zur Küste staffeln: der breiteste Abschnitt, *Sertão* oder *Caatinga*, die wüstenartige Steppe; das *Agreste* oder Rauhland, ein Drittel davon – beides Schauplätze schlimmer Trockenperioden –; endlich der schmale Fruchtstreifen, die feuchte *Mata*-Zone des Zuckerrohrs.

João Cabrals Fiktion fußt auf Fakten und entspricht den Forschungsergebnissen seines Landsmannes Josué de Castro (*Geopolitik des Hungers*). Trotz verheerender Dürren (die von 1877, 1915 und 1932 ließen in der *Sertão*-Zone nicht eine Pflanze am Leben, 1877 starben fünfhunderttausend Menschen) ist das Problem für den Wissenschaftler eher ein sozial-ökonomisches: 50 % des Nordostens gehören 3 % der Großgrundbesitzer, es gibt Hunderte von Latifundien über 100 000 Hektar; nur 20 % der Bewohner der Landwirtschaftsgebiete besitzen eigenen Boden, 80 % verdingen sich als Teilpächter, Kolonisten, Tagelöhner. Doch die in den Nachkriegsjahren gebauten Stauseen bewässern nur die Latifundien, und deren Besitzer investieren nicht, weil die Verpachtung ihrer Ländereien ihnen genug einbringt; und die Pächter, besäßen sie Kapital, würden auch nicht investieren, weil der Nutzen des fruchtbar gemachten Bodens nach Ablauf ihres Pachtvertrags dem Pachtherrn zugute käme.

Fühlt sich der *Sertanejo,* der Steppenbewohner von der Dürre bedroht, wandert er ab an die Küste und vermehrt dort die Völkerschaften der *mocambos*, der Lehmhütten,

die im Schleim des Flusses
hocken ihr Lebtag lang
und an Dauerfäulnis sterben
Leben auf Leben am laufenden Band . . . –

wie es in Cabrals *Touristenplakat der Stadt Recife* heißt.

TOD UND LEBEN DES SEVERINO, halb Oratorium, halb episches Theater, ist der mit Handlungsdialogen untermengte Versmonolog Severinos auf seiner langen Flucht aus dem dürren *Sertão* zur Küste, in der Hoffnung auf Arbeit, Brot, Leben. Gleich, ob dieses Weihnachtsspiel als christliche Parabel gemeint ist, bei der Meister Josés neugeborener Sohn Christus ist und somit Grund und Anlaß für den versklavten Menschen, sein Leben trotz allem von neuem zu wagen, gleich, ob Severinos Landflucht sein Kreuzweg, seine Selbstmordabsicht die Kreuzigung, die Geburt des

Kindes seine Auferstehung sind – dieses Dichtwerk ist dank seiner sozialen Spannweite, seiner poetischen Kraft und seiner Menschlichkeit gültig für alle Menschen, unabhängig von ihrer Religion, ihrer Rasse, ihrer Ideologie.

TOD UND LEBEN DES SEVERINO gehört zum »Triptychon des Capibaribe« mit seinem *Der Hund ohne Federn*, 1949–1950, und *Der Fluß oder Reisebericht des Capibaribe von seinem Ursprung bis zur Stadt Recife*, 1953. Da das pernambukanische Weihnachtsspiel sich für die deutschsprachige Bühne bisher als unaufführbar erwies, habe ich es als Funkdichtung eingerichtet, deren erste Fassung 1967 in einer Koproduktion des NDR und WDR (Regie: Heinz von Cramer) ausgestrahlt wurde; 1973 produzierte Radio Zürich eine zweite – die vorliegende – Version in der Regie von Robert Bichler.

Curt Meyer-Clason

INHALT

Aus dem brasilianischen Portugiesisch
und mit einem Vorwort von Curt Meyer-Clason
Mit einem Nachwort von Hugo Loetscher

Edition diá · St. Gallen/Köln

Antonio Skármeta

Der Aufstand

Roman. Aus dem Spanischen von Joco Dehmann.
218 Seiten. Serie Piper 555

Der Roman handelt vom Leben in der nicaraguanischen Stadt Léon wenige Wochen vor dem Sieg der Sandinistischen Befreiungsfront, von den Ängsten, Träumen und Heldentaten der Bevölkerung.

»Ein Buch ... über die kleinen Leute in Nicaragua für die kleinen Leute in Europa.«

Rias Berlin

Mit brennender Geduld

Roman. Aus dem Spanischen von Willi Zurbrüggen.
150 Seiten. Serie Piper 768

Antonio Skármetas Roman lebt von der Liebe des Autors zu seinen Figuren, von der Verbundenheit eines Schriftstellers mit den Menschen seines Volkes, einer Gemeinschaft vitaler, skurriler und eigenwilliger Personen. »Mit brennender Geduld« ist ein blendend erzählter, unangestrengter, humorvoller Roman, ein Kleinod in unserer literarischen Landschaft.

»Skármetas Werk ist ein begeisternder Roman über Poesie, Politik und Leidenschaft. Gewisse Dialoge lesen sich wie ein glänzend geschriebener Lehrgang in Ästhetik. Diese Gespräche kreisen um Metaphern – Skármetas Werk ist voller Bilder, der ganze Roman ist metaphorisch zu lesen.«

Neue Zürcher Zeitung

Der Radfahrer vom San Cristóbal

Erzählungen. Aus dem Spanischen von Willi Zurbrüggen.
201 Seiten. Geb.

Skármetas Gestalten »kämpfen, um als Inidividuum, zu zweit oder in kleinen Gruppen, die Werte der Solidarität in einer Gesellschaft zu errichten, in der alle einander fremd sind, in der die Mächte der Unterdrückung die menschliche Würde zu verdrängen und zerstören trachten«.

Ariel Dorfman

Das Lied des Feuers

Lateinamerikanisches Lesebuch
Herausgegeben von Wolfgang Eitel.
403 Seiten. Serie Piper 900

Die Erzählkunst der lateinamerikanischen Literatur schöpft aus den verschiedensten Quellen: der »klassischen« europäischen Novellistik, der amerikanischen Short Story, der überaus vitalen mündlichen Tradition und den indianischen Märchen. In dieser Auswahl kommt die durch Welten getrennte Literatur der Großstadt und des unterentwickelten Hinterlandes ausführlich zu Wort: Márquez, Fuentes, Borges, Andrade, Fonseca, Giardinelli und Skármeta zusammen mit bisher unbekannten Autoren. Denn auch hierzulande haben wir, die »letzten Entdecker Lateinamerikas, begriffen, daß lateinamerikanische Literatur moderne Weltliteratur ist, daß wir es nicht nur mit einem kurzlebigen Boom zu tun haben, der sich an wenige Namen knüpft, sondern mit einem literarisch außergewöhnlich kreativen, hochentwickelten und vielfältigen Kontinent.«

Hans Magnus Enzensberger

Piper 32/1 g

PIPER